CW00688082

CLUB DE LECTURE

Lisez à voix haute l'histoire de la page de gauche.

Quand vous avez terminé, revenez au début et regardez les images avec l'enfant.

Encouragez-le à lire les légendes sous les dessins. S'il n'y arrive pas, ne vous hâtez pas trop de lui souffler le mot avant qu'il n'ait eu le temps de réfléchir, mais ne le laissez pas peiner trop longtemps.

L'édition originale de ce livre a paru sous le titre: *The tidy bird* dans la collection ''Puddle Lane''

© Texte et mise en pages de l'édition anglaise SHEILA McCULLAGH, 1986
© Edition anglaise publiée par LADYBIRD BOOKS LTD, 1986
© Bordas, Paris, pour l'adaptation française, 1987

ISBN 2.04.016849-4
Dépôt légal: mai 1987
Achevé d'imprimer en avril 1987
par Ladybird Books Ltd, Loughborough, Leics, Angleterre
Imprimé en Angleterre

L'oiseau Quirange

texte de **SHEILA McCULLAGH**
illustrations de MARTIN AITCHISON
adaptation de LAURETTE BRUNIUS

Ce livre appartient à:

Bordas

Un jour, Manon et Malika
jouaient dans la rue du dragon,
quand Monsieur Vitaulit
ouvrit la porte de sa maison.

— Auriez-vous vu mes lunettes?
demanda-t-il.

— Non, dit Manon.
Elles ne sont pas chez vous?

— Je ne crois pas, dit Monsieur Vitaulit.
Mais justement, j'ai du mal à les voir
quand je ne les ai pas sur le nez.

— Voulez-vous que nous vous aidions
à les trouver? demanda Malika.

Monsieur Vitaulit
ouvrit sa porte.

— Soyez gentilles
et regardez dans le jardin,
dit Monsieur Vitaulit.
Hier, j'ai fait un somme sous un arbre
et comme il faisait nuit
quand je me suis réveillé,
je suis rentré directement me coucher.

— Nous allons regarder tout de suite,
dit Manon.

Madame Rapetipetas
arrivait au même moment.

Madame Rapetipetas
arrivait du bout de la rue.

— Bonjour, Monsieur Vitaulit, dit-elle.
Auriez-vous vu ma plume rouge?

— Votre plume rouge?
demanda Monsieur Vitaulit.

— Mais oui, voyons. La plume rouge
que je porte sur mon chapeau,
dit Madame Rapetipetas,
en se tournant vers Manon et Malika.
Vous n'avez pas joué avec, j'espère?

– Auriez-vous vu
ma plume rouge?
dit Madame Rapetipetas.

Manon et Malika avaient à peine
eu le temps de répondre
quand Monsieur Touron et David
arrivèrent à leur tour du bout de la rue.

– Bonjour, Madame Rapetipetas.
Bonjour, Monsieur Vitaulit,
dit Monsieur Touron d'un air joyeux.
Vous n'auriez pas vu mon pinceau,
par hasard? Je peignais ma fenêtre
et j'ai dû le poser quelque part.

– J'ai bien regardé dans la rue,
dit David. Mais il n'y est pas.

David et Monsieur Touron
arrivaient du bout de la rue.

— Je ne l'ai pas vu,
dit Madame Rapetipetas.
Et moi, j'ai perdu ma plume rouge.
Quelqu'un a dû la prendre.

Elle regardait Manon et Malika
d'un air furieux.

— Nous n'y avons pas touché, dit Manon.
Nous allions justement voir dans le jardin
si nous trouvions les lunettes
de Monsieur Vitaulit.
Nous chercherons votre plume rouge aussi,
Madame Rapetipetas.

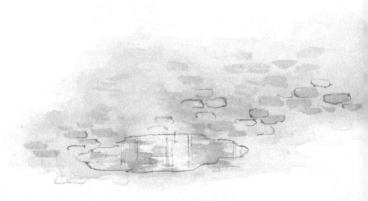

Madame Rapetipetas
regardait Manon et Malika.

— Va avec elles, David,
et tâche de retrouver mon pinceau,
dit Monsieur Touron.

Manon, Malika et David
poussèrent la grille du jardin.

Manon, Malika et David
entrèrent dans le jardin.

Les enfants fouillaient dans les buissons
quand ils entendirent
un petit bruit derrière eux.
Ils se retournèrent et virent Lescogriffe.

— Vous cherchez quelque chose?
demanda Lescogriffe,
de sa grosse voix d'ogre.

— Nous cherchons les lunettes
de Monsieur Vitaulit, dit Manon.
Et le pinceau de Monsieur Touron.

— Et la plume rouge
de Madame Rapetipetas, dit Malika.
Tout est perdu.

Ils virent Lescogriffe.

— L'oiseau Quirange
est sûrement passé par là,
dit Lescogriffe.

— Comment ça, l'oiseau qui range?
demanda Manon.

— Il range tout ce qu'il trouve
dans son nid, dit Lescogriffe.

— Et à quoi ressemble-t-il?
demanda Malika.

— Je ne sais pas, dit Lescogriffe.
Il est invisible. On ne le voit pas.

– L'oiseau Quirange
doit être dans le jardin,
dit Lescogriffe.
Mais on ne le voit pas.

— Comment peut-on savoir où il est ?
demanda Manon.

— Il a une petite lumière rouge
sur la tête, dit Lescogriffe.
Et on l'entend parce qu'il siffle en volant.

— Cachons-nous et attendons-le,
dit Manon.

Et ils se cachèrent derrière l'arbre creux
pour attendre.

David, Manon, Lescogriffe
et Malika se cachèrent.

Ils n'attendaient pas depuis longtemps
quand ils entendirent un petit sifflement.

— Ecoutez! murmura Lescogriffe.
Le voilà.

Et ils virent une petite lumière rouge
qui se déplaçait dans les airs.

L'oiseau Quirange
entra dans le jardin.

Pendant qu'ils guettaient,
l'oiseau Quirange
plongea derrière un buisson.
Quand il reparut, il portait une balle.
(Ils ne voyaient pas l'oiseau Quirange,
mais ils voyaient la balle
voler toute seule dans les airs.)

– C'est ma balle, murmura Manon.
Je l'ai perdue dans le jardin.

Manon vit sa balle.

La petite lumière rouge et la balle dorée
volèrent en direction d'un arbre.
Les enfants et Lescogriffe
la suivirent des yeux.

— Il y a un grand nid dans l'arbre!
murmura David.
L'oiseau Quirange avait dû l'entendre,
car le sifflement s'arrêta brusquement,
et la lumière rouge disparut.

— Il est parti, dit Lescogriffe.

L'oiseau Quirange
vola vers un arbre.

Manon, Malika et David
coururent jusqu'à l'arbre,
et regardèrent dans le nid.

— Voilà ma balle, s'écria Manon,
en la prenant dans le nid.
Et les lunettes de Monsieur Vitaulit!

— Regardez!
La plume rouge de Madame Rapetipetas!
dit Malika.
Elle la sortit du nid.

David, Manon et Malika
regardèrent dans le nid.

— Et voilà le pinceau
de Monsieur Touron! s'écria David.
Il faut le lui rapporter.
Il veut peindre la porte de son jardin.

— Nous reviendrons jouer tout à l'heure,
dit Manon à Lescogriffe.
S'il te plaît, ne t'en va pas.
Il faut d'abord que nous rapportions
tout ça.

— Avant de jouer, il faut
que nous rapportions tout ça,
dit Manon.

— Nous avons tout retrouvé! cria Manon.

— Nous avons tout retrouvé! cria Malika,
tandis que David ouvrait la grille
et qu'ils s'élançaient dans la rue.
Monsieur Touron et Madame Rapetipetas
étaient toujours là, en train de parler
avec Monsieur Vitaulit.

— Voilà le pinceau, dit David.

— Sapristi! Comment est-ce que
mon pinceau s'en est allé dans ce jardin?
s'exclama Monsieur Touron.

— Je crois que je sais,
dit Madame Rapetipetas.

Ils s'élancèrent
dans la rue du dragon.

— C'est l'oiseau Quirange qui l'a pris,
dit Manon. Il prend tout ce qu'il trouve,
et il range.

— Sottises! dit Madame Rapetipetas
en saisissant la plume rouge
pour la mettre sur son chapeau.
Et je vous prie de ne pas me reprendre
ma plume! Jouez avec vos jouets
et laissez ma plume tranquille!

— Nous n'avons pas pris votre plume,
dit Manon. Nous l'avons trouvée
dans le nid de l'oiseau Quirange.

Madame Rapetipetas
remit la plume
sur son chapeau.

Madame Rapetipetas hocha la tête
et s'éloigna dans la rue.

— Merci, Manon, dit Monsieur Vitaulit.
Je suis content d'avoir retrouvé
mes lunettes.

— Et moi, je suis content
d'avoir retrouvé mon pinceau,
dit Monsieur Touron.
J'ai beaucoup de travail
à faire aujourd'hui.

Madame Rapetipetas
s'éloigna dans la rue.

– Ecoutez! dit Malika.
L'oiseau Quirange!
Comme ils écoutaient,
l'oiseau Quirange sortit du jardin.
Ils virent sa petite lumière rouge
qui volait dans la rue,
derrière Madame Rapetipetas.

L'oiseau Quirange
s'élança dans la rue.

Et ils virent l'oiseau Quirange
prendre la plume rouge
sur le chapeau de Madame Rapetipetas,
et la remporter en volant
jusque dans le jardin.
Madame Rapetipetas
ne s'était aperçu de rien.
Elle rentra chez elle et claqua la porte.

L'oiseau Quirange
emporta la plume.

— C'était donc ça! dit Monsieur Touron.
L'oiseau Quirange! Il va falloir
que vous retourniez chercher cette plume.
Et il s'éloigna dans la rue en riant.

— Mon Dieu! Je vais faire attention
qu'il ne remporte pas mes lunettes!
dit Monsieur Vitaulit.
Et il rentra chez lui.

— Retournons voir Lescogriffe, dit David.
Et les enfants retournèrent dans le jardin.

Malika, David et Manon
retournèrent voir Lescogriffe.

Notes à l'usage des parents

Revenez au début et inscrivez le nom de l'enfant dans l'espace prévu à cet effet sur la page de titre. Faites-le en caractères ordinaires, pas en majuscules.

Maintenant, parcourez le livre une deuxième fois. Regardez chaque image et parlez-en. Montrez la légende et lisez-la tout haut.

Suivez du doigt tout en lisant, afin que l'enfant comprenne que la lecture se fait de gauche à droite.

Encouragez l'enfant à lire les mots sous les images. Ne vous hâtez pas trop de lui souffler le mot avant qu'il ait eu le temps de réfléchir, mais ne le laissez pas peiner.

Relisez cette histoire autant de fois que l'enfant souhaitera l'entendre. Plus il aura l'occasion de regarder les images et de **lire** les légendes avec vous, plus il apprendra à reconnaître les mots.

Si vous avez plusieurs livres, laissez l'enfant choisir l'histoire qu'il veut entendre.

– Tu habites ici? dema...
– Non, dit Noisette.
J'habite dans le jardin du magicien, au bout de la rue du dragon.
Mais je viens toujours ici le vendredi.
C'est le jour où il y a du fromage et des noix au marché.
Viens voir.

Jérémie se pencha pour voir.
Il vit une grande table où étaient posés un grand fromage et un panier de noix.

Jérémie se pencha pour voir.

17